사진 _ 박종준

나는 당신이 말할 수 없는 것을 말하고

애지시선 078

나는 당신이 말할 수 없는 것을 말하고

2018년 9월 29일 초판 1쇄 발행

지은이 함순례
펴낸이 윤영진
홍　보 한천규
펴낸곳 도서출판 애지
등록 제 2005-000005호
주소 34570 대전광역시 동구 대전천북로12
전화 042 637 9942
팩스 042 635 9941
전자우편 ejiweb@hanmail.net

ⓒ함순례 2018
ISBN 978-89-92219-77-8　03810

* 저자와의 협의에 의해 인지를 생략합니다.
* 이 책 내용의 전부 또는 일부를 재사용하려면 저자와 애지 양측의 동의를 받아야 합니다.
* 이 책은 세종특별자치시와 세종시문화재단의 지원금을 받았습니다.

예지시선 078

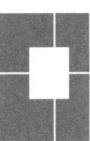

나는 당신이 말할 수 없는 것을 말하고

함순례 시집

□ **시인의 말**

웃는 별을 낳아
나, 당신의 방에서
낭만적으로 빛나고 싶었으나

2018년 가을
함순례

차례

시인의 말　005

제1부
까막까치　013
저녁강　014
걸인의 식사　016
자정의 작용　018
점원, 우아하게　020
나는 하수다　022
지네가 툭　024
소낙비　026
무늬들　028
블랙홀　030
쿠바 리브레　032
헌화　034
공기인간　036

제2부

노을 039
유월은 하양 040
비행운 042
환승 044
역마 046
장미사원 048
그래 가자 049
악수 050
멀미 052
무위사 054
공원, 봄밤 055
공원 056
제비가 날아갔다 058
여름, 쌍계사 가는 길 060

제3부

정북토성 063

옥주 064

코르사코프의 검은 개 066

더 그린 라인 068

인디언식 이름은 070

고비 072

고비 3 -목동 074

고비 5 -에미 075

고비 6 -전봇대 076

고비 7 -수컷을 다루는 법 078

고비 8 -푸른 늑대 079

고비 9 081

제4부

가을밤 085
명경 086
씨알 088
못 090
시인의 세금을 면제하라 091
강력반 형사에게 시집을 주다 092
고양이 093
도둑의 전모 094
따루 주막 096
꽃사기 097
사월 098
바람이 바람의 귀를 찢으며 100
봄인데 말이야 102

해설 | 고봉준 105

제1부

까막까치

잘 익은 무화과를 다오
그물망을 치워 다오

너의 창문에 돌멩이 던지면서
까옥거리면서
맴도는
검은 그림자
나는 배회하는 골목이다

없는 구름을 끌어당겨 빨아 먹는
먼 곳, 멀어서 사무치는 문장으로
네 붉은 배꼽 아래 엎드려
너를 파먹겠다 어둠의 정신으로

한사코
너에게 가야겠다
나는 네 눈을 열어야겠다

저녁강

살이 그리워

네 말을 들은 듯 살구가 떨어졌다
살구나무가 언제부터 여기에 있었을까
툭 떨어지는 향기

살고 싶어 싸웠는데 죽지 못해 갈라섰는데
문득 그런 때가 있다고
전화기 너머
가라앉는 목소리가 강물을 적신다
너의 강가에 앉은 나도 억새 물결이다

지금 여기에 없는 당신이
뚜벅뚜벅 눈부시게 되살아오는 것
사랑과 증오를 넘어선 몸이 몸을 부르는
적막이
〉

시큼했다
저녁 강물에 살내가 흘러다녔다

걸인의 식사

계단참에 하염없이
앉아 있는 저 사내
햇살 따가운 한낮 겹겹 옷을 껴입고 왜 맨발일까
커다랗고 거칠고 퉁퉁 부어오른 코끼리 발등
시끄러운 소음과 매연 그리고
표정이라곤 찾아볼 수 없는 저 사내
빵집 앞에서 주유소 앞에서 늘
어느 모퉁이 길바닥에서
거구를 이끌고 느릿느릿
걸어가거나 우멍하게 앉아 있는
그를 만날 때마다
나는 코끼리 한 마리가 도심에 출몰했다고 생각했다
아프리카 원시림을 떠났거나 동물원 울타리 부수고 탈출했거나
슬며시 이 도시에 나타난
그가 뭘 먹는 걸 보지 못했다
말하는 걸 듣지 못했다

눕거나 조는 것도
보지 못했다

도시는 그의 몸집보다 거대했고
그는 이 도시의 완벽한 그림자였다
누구에게도 그가 보이지 않았다
아무도 그를 포획하러 오지 않았다
점점 불어나는 그의 몸이 언젠가는
이 도시를 꽉 채우는 집이 될 것이다

자정의 작용

웃는 별이 있다
우는 별이 있다

오래 걸어온 자들은 안다
광장에 주저앉아 신발을 벗고 부르튼 발 주무르며
언제까지 걸어야 하나 혼잣말은 앞으로도
첫 마음으로 걸어야 한다는 것
거대한 파도에 밀려 헤진 옷
홀홀 벗어놓고 등을 말고 잠든
순간에도 심장은 뛰고 있어서
그것이 슬퍼 웃고
그것이 아파 울지 못하는
별들이 참 뜨겁고도 서늘하게 반짝인다
도시의 우듬지가 별들의 박동을 들으며 출렁이는 시간
도시의 파도는 거세고 무거우니
어두운 손 뻗어 입을 틀어막는 짐승들아
개 같은 날들을 치워라

〉
우리는 슬프고 아픈 기미 찾아
온 마음으로 꿈을 꾼다
우리가 할 수 있는 일은 그것뿐
아무것도 하지 않으면
아무 일도 일어나지 않아
내일이면 또 별들이 나와
생의 스크럼을 짤 것이다

점원, 우아하게

서서 걸으며 책을 읽는 자세가 있다
한 발 뗐다가 멈추고 다시 떼면서
한쪽 발을 앞뒤로 옆으로 천천히 들어올렸다 내려놓으면서
율동을 하듯

서서 걸으며 책을 읽으며 맴도는 여자가 있다
흰색 블라우스 베이지 스커트 우아하게
키가 크고 앳된 여자, 쇼윈도
마네킹처럼 투명하고 매끄러운 여자

여름이 오고 여름이 간다

등이 아플 때 도무지 지루한 통증을 이겨낼 수 없을 때
견디는 자세, 그러니까
자꾸 헐거워지는 시간을 조이며
누군가가 불러줄 때를 기다리며

졸업하고도 대학가 떠나지 못하는 알바 인생
때마침 주말이라서
하염없이

마네킹 옷 갈아입히며 구겨진 오늘을 다림질하며
지구 밖으로 포물선을 그려보는
동작이 있다

여름이 가고 여름이 온다

월급루팡이 되고 싶어요
유리창에 부서지는 목소리

나는 하수다

바람이 불어오는 허공으로
사라지고 다가오는 것들을 물끄러미
마주하면서

나는 물이 되기로 했다
천 개의 얼굴을 가진 물

안개 자욱한 침실에서 시계추에 매달린 꽃이 시들어
갈 때
부엌에서 화장실에서 먹고 싸고 버린 물이
근심도 없이 빠져나갈 때

쩍쩍 갈라진 갯바닥을 적시고
물고기와 춤추고
뻘에 발목을 묻고 죽어가는 버드나무의 얼굴
깊이 들여다볼 때가
〉

물의 시간이다
강물을 따라 천천히 흘러가는 길
흘러가는지 흘러오는지 보이지 않지만 아래로
아래로 흐르는 물

찬양할 수 없는 누군가의 뒷면을 본 날은 차갑게 달아
오르고
날마다 새로 태어나는 눈물로
적요한 강물은 심장이 뜨거워지고

쉼 없이 강가로 모여드는 거품들
말하자면, 오수의 그늘이 나의 힘이다

살아있음으로
나는 매일매일 격렬하다
기꺼이 하수다

지네가 툭

떨어졌다

하늘에서 아, 천정이었다고 하자
벽에 기대어 책을 보고 있는데 발가락 위에
툭!
비명이 벌떡 일어났다고 하자
녀석도 놀란 듯 움직이지 않았다고 하자
아주 짧은 순간 내 발가락 꽉 움켜쥐었다고 하자

정적 속에서 벌레를 찾아 더듬이 세웠으리
언제까지나 하수구 속에 에어컨 속에
장판 속에 숨어 있을 수만은 없어
기어 나와야 해
기어코 기어 나와 더듬거려야만 해
세상은 너무나 눈이 많고 건조하지
인간의 눈에 띄는 순간
살충제를 맞거나 산 채로 변기 물에 수장되지

〉
그렇게 한순간에 바다에 버려지고 불에 타버린
으스러지고 뭉개지는
생에 대하여
두 다리로는 도저히 닿을 수 없는 곳
보이지 않는 곳 후미진 곳에 대하여
수많은 발을 가지고도 바닥을 뚫고 나아갈 수 없는
몸에 대하여,

천 개의 다리로 분열하는
온몸이 있었다고 하자

소낙비

빗속에, 빠졌습니다

짙푸른 들녘을 걷는 중이었습니다
바짓가랑이 치고 들어오는 빗줄기
밤송이에서 볏잎에서 땅콩밭에서
마구 펄떡거리는 초록을 탐하며 걸었습니다
우산이 뒤집히거나 우산을 버린
61세의 여자
52세의 여자
49세의 여자가

사람의 마을 깊숙이 정자에 들어 두 다릴 뻗고 주저앉거나
젖은 치마 걷어 올려 물을 짜내거나
빗물 들이치는 난간에 기대어 쏟아지는 흙탕물에
넋을 놓을 즈음
〉

이럴 땐 말이야

늠름한 민소매 시골 총각이 물꼬를 보러 나와야 하는데

그러면 야 이리 와봐 이뻐해 줄게 해볼 텐데…,

무서운 여자들입니다

무서운 여자들이 무서워 길은 적막하고

허름하니 웅크린 지붕들은 갇혀 있고

찌질한 놈들아 가라, 우산을 접은 여자들이

세차게 덤벼들고 싶은 놈을 기다리며

야담의 촉수를 높이는 동안

우리의 몰락은 몰락이 아닙니다

소낙비에 기울어진 몸에서도 심장이 파닥거립니다

연락 주세요 단, 된 놈 될 놈만 받습니다

무늬들

장대비 피해 우르르
방충망을 뚫고 들어오는 하루살이들
얼마나 바빠 달려왔는지 방바닥에 드러누워 숨을 헐떡이거나
물컵 속에 들어앉았거나
책갈피 파고들어 활자 곁눈질하며
온통 빛을 더듬어가는
무늬들,

내일은 알 수 없는 세계

날짐승과 길짐승이 가만히 동침의 서사를 짜간다
어쩌면 우리는 원데이 원나잇
하루를 영원처럼 밀고 가는지도 모른다
빗줄기 퍼붓는 밤에도 활활
목이 메어 깨어나며 젖은 불빛 바라본다
젖은 눈이 젖은 날들을 이윽고 바라본다

〉
불이 장작을 먹어치우듯 날카롭게
말발굽 소리도 없이 하늘을 날아오르는
절름거리는
단 하루의 빛

내일은 도무지 알 수 없는 세계

블랙홀

말할 수 없고 기억나지 않습니다

기억해 주세요
제발,

진실은 자주 레테의 강을 건넌다
당신은 말할 수 없는 것에 대하여 말했다
그리하여 진실을 조작한 무언가에 대하여 숨기지는 못했다

나는 옛 노트에서 구만 원
책장 어둔 갈피에서 오만 원이 나온 날을 기억한다
전화번호 떠오르지 않아 전전긍긍하던 아침을 기억한다
열쇠를 찾기 위해 재활용 쓰레기통을 뒤진
어느 오후를 기억한다
〉

인생 그 자체가 손가락 사이로 줄줄 흘러버리는 것처럼*
구멍 난 기억의 퍼즐을 맞추기 위해
얼어붙은 날들에 대하여 말할 수 있다

오늘 아침엔
당신이 말할 수 없는 것을 말하고
당신이 기억나지 않는 것을 기억하려 한다
어쩌다 당신마저도 기억하지 못하는 시간이
다가온다면!

공포가 엄습해 오는 찰나를 기록한다

* 영화 '지금 만나러 갑니다' 에서

쿠바 리브레

 검은 여인이었소
 두 눈 지그시 내리감고 침묵의 성좌에 든 얼굴이었소
 다만 감은 눈으로 다만 날렵한 콧날로 다만 꾹 다문 입술로
 단박에 날 사로잡았소
 살짝 들어 올린 턱, 한없이 긴 목선, 여윈 어깨, 벌거벗은 상반신
 아 검은 젖가슴이었소
 노예선에 실려 와 거친 노동에 지쳤는지
 어린아이 잃고 파르르 눈꺼풀을 닫은 것인지
 어떤 강압에 항거 중인지
 야릇하고 신비롭고 애틋하고 향기롭고 매혹적인
 양 볼에 흐르는 빛 처연했소
 금빛 머릿수건이 오로라처럼 너울거리는
 내면의 파동을 감싼 갑옷 같았소
 아바나 산 호세 공예품점
 대를 잇는 장인의 손길로 태어난 목각 여인

아버지 기술 전수 받으며 가게 지키는 청년은
아버지의 작품을 흥정할 수 없다 했소
새까만 손톱 거칠어진 손 보여주며 고개를 흔들었소
세 번이나 찾아갔지만 끝내 에누리가 없었소
그렇게 카리브 해를 건너온 여인,
내 방 창가에 앉아서도 침묵을 풀지 않았소
누가 이 단단한 침묵을 흔들 수 있겠소
내가 한 일은 이름을 붙여주고 이름을 불러주는 일
쿠바 리브레, 아침저녁으로
다만 검은 묵상에 드는 일이었소

* Cuba Libre : 쿠바의 자유라는 뜻으로 흰색과 검은색 음료에 럼주를 섞은 칵테일 이름이기도 하고 아프리카와 백인의 혼종문화를 상징하기도 한다.

헌화
— 피델 카스트로

장미 한 송이가 걸어왔습니다

꽃을 사면서부터 이미 꽃은 당신에게 기울어져 있었군요
물 한 모금 축일 새도 없이 뜨거운 햇살을 이고 달려왔군요

축 늘어진 꽃송이가 더욱 붉습니다

사내는 지친 낯빛이나 당신 앞에 이르러 옷매무새 고치고
두 손 모아쥐고 가만히 고개를 숙입니다

춥고 어두운 계절, 영웅을 찾아 떠도는 영혼들
말없는 기도 속에서 서로를 알아볼 때
맑은 구름이 눈시울 적시며 파랗게 흔들릴 때
조금 슬펐을까요
〉

죽어서도 반짝이는 당신의 제단에 놓여진 장미 한 송이
꽃은 그냥 꽃이 아니었습니다

높은 곳에서 낮은 곳까지
자기를 다 열어놓고 피고 지고
또 피고야마는 사랑이었습니다

공기인간

아바나 뒷골목
별의 모자를 쓴 눈빛 형형했다

　대문과 대문 사이 벽을 화폭 삼은 낡고 빛바랜 초상, 얼굴마저 한쪽이 떨어져 나갔으나 푸른 눈빛 생생한 체 게바라가 골목에 스민 한 줄기 빛처럼 살아 있다 쿠바와 함께 낡아가며 쿠바를 살고 있다 가슴에 새겨져 배낭에 매달려 흔들거리는 체가 시장과 광장 깊숙이 들어앉은 체가 가난하지만 유쾌한 사람의 골목을 걷고 있다 높다란 하늘 시리게 펄럭이는 빨래들 곁에서 창가로 얼굴 내민 아이의 수줍은 웃음 곁에서 식료품점 앞을 무심히 오가는 발자국 곁에서, 곁으로

　숨 쉬고 있다
　어디에나 있고 어디에도 없는 딱 이 한 사람

제2부

노을

쉿!

물고기들이 뛰놀잖아 저 낮은 수면을 연신 밀어 올리잖아 수초들도 춤을 추기 시작했어 굽이치며 내려앉는 저녁의 냄새들

돌고 돌며 심연을 깨우는 흰여울, 장막 같은 수면을 차올리는 물고기들, 알몸으로 반짝이잖아 목소리 높여 도망치지 마

제발,

강물 위로 캄캄하게 빛나는

저 순정한 몸짓들을 좀 봐

유월은 하양

장미가 장미의 몸으로 들어가자
봄이 여름으로 사라지네

오늘이 길다
고작 한나절 지났을 뿐인데 여기에 영영 머물러 있을 것만 같아
말하고 있네 너는

고장 난 나침반처럼 우두커니 멈추어 있는 시간
꼭 감았다 뜨는 눈앞에 명멸하는 흰 빛들

모든 바닥을 다 빨아들인 표정이 하양일까
모든 통증을 다 삭인 후의 무심이 하양일까
켜켜이 가라앉았다가 어느 날 부유하는 먼지처럼

이팝, 조팝, 찔레꽃, 앓는 창백한 얼굴들이
초록 뚫고 계절을 넘어가네

〉
텅 비어서 충만한 흰 빛으로 나도 조금씩 사라지네
오로지 사라지기 위해 필사적으로

비행운

창가에 비스듬히 접혀 있는 사내
직각의 벽의자가 그의 허리선을 따라 휘어질 듯하다

맑아서 슬픈 하늘

사내의 시선이
띠를 이룬 구름에 잡혀 있다
꿈틀거리며 천천히 흩어지는 구름이
사내의 눈빛에 갇혀 있다

찻잔이 두 개
맞은편 의자는 뒤로 살짝 빠져 있고

아주 간 거니?

힘차게 날아올랐다가 향방을 잃은 꼬리연처럼
식어가는 커피와 구름

〉
홀로 남아 홀로 부서진다
한때 청명했던 공중을 낚아 검은 항해의
밧줄을 엮던 사내

환승

매몰차게
간다,
째깍 째깍 초침 분침에 갇힌 눈동자
빠르게 달려가는 기차와
우두커니 머뭇거리는 발자국이 있다
창백한 얼굴로 플랫폼에 앉아 있던 여자가
역사를 빠져나와
폐업한 부흥부동산을 지나
연꽃무늬 난간이 있는 긴 다리
그 아래 멈춘 듯 흐르는 강물을 마주해
여기가 어딘지 모르겠는데
인생은 환승이야
마음이 정신을 붙잡고
굴러가는 바퀴에 숨조차 쉴 수 없던 여자
노골적이고 날카로운 말에 심장이 찔려
피 흘렸던 여자, 시작도
끝도 함께해야지

인간의 온도가 그쯤은 되어야지
자꾸 고개를 가로저었던 여자가
낯선 강바람에 날리고 있다
성긴 바람이 치맛자락을 훑고 지나간다
갈아탈 기차를 또 놓치고 만다

역마

터미널 식당에서 끼니를 때운다
한 모금씩 천천히
국물을 삼킨다 목구멍 깊숙이
싸하게 식어버린 속으로 국물이
내려간다

오늘의 메뉴는 육개장이다
오늘의 여자는 건더기를 좋아한다
나는 여자의 국물까지 삼킨다, 다행인가
살살 돌려놓다가 나중에 먹게 되는 고기채와 파채
가냘프고 낯선 등을 마주하고 간간이 힐끔거리며
오래 삶아 단내가 고인 국밥 한 그릇

나를 떠나고 내가 떠나온 계절
애를 녹이며 캄캄하게 저문 빛
흩어진다, 정처 없이
지구 반 바퀴를 돌아도

정처가 없어

걸었다, 걷고 일하고 걷다가 쥐가 난 종아리로
끼니를 때운다는 것
뺨이 붉어지고 차가운 손에 피가 돈다는 것

차일피일 오늘의 얼굴은 엄숙하다
오늘의 메뉴는 완벽하지 않다

장미사원

주택가 막다른 골목 단연 화사하게 단연 우아하게 피어 있다 치명적인 차원으로 홀리듯 피어 있다

희고 붉은 아이를 낳고 멀어져간 사랑 아랑곳없이 열렬히 밥 먹고 젖 물리며 농염한 당신, 어둠의 발톱 잘라 가시로 무장한 채 한사코 피어 있다

시퍼런 소나무 한 그루도 울울창창 크고 있는 붉은 성채, 혼자 듣는 음악처럼 우물처럼 격정적으로 아름답고 적요하게 피어 있다

그래 가자

네게로 가는 길은 가깝고 또 멀었어
정류장에 닿을 적마다
그만 내리고 싶은 순간이 많았으나
따가운 햇살 같은 슬픔 검은 껌 같은 슬픔

여름의 거리에서
바람이 가로수 그림자를 지나가듯
주술에 걸린 듯, 차창에 기대어 꼼짝없이

끈적한 바닥을 페차고 굴러가는
그냥 보고만 있어도 맺히고 흘러내리는 生
마침내 원을 그리며 공중으로 날아가는 바퀴가

버스 안에서도 마음 달궜을 거야
이 뜨거운 도시를 다 돌며 오, 너를 향해
발가락 세웠을 거야

악수

헤어지는 중입니까
손이 찹니다

차가운 맨발이
일어서려 한다고 생각했다
손을 잡았는데 무심코
발을 쳐다보게 된 것

양말을 신겨주어야 할 것 같았다
따스한 손을 잡고도 서성거리는
힘이 느껴지지 않는 손 안에서 가만히
열리는 붉은 눈
맵고 시리게 떠나간 아이들일까
그의 안쪽을 다 차지하고 충혈
손만 잡았을 뿐인데

손수건을 꺼내야 할까

밭은기침이 골목을 떠돈다
보지 않겠다 하면서도 그는
지나간 페이지를 뒤적이고 나는
손이 붙어 떨어지지 않는다

멀미

 당신의 표지를 넘기니 고스란히 폐허군요 열매도 저문 저 갈빛 적막을 뭐라 부릅니까

 목마른 바람이 뒤엉켜 쓸려가는 허허의 마당, 아슬아슬하군요 혼자 밥을 먹고 혼자 책을 읽고 울리지 않는 전화 기다리며 불면의 밤 지새는군요

 겹겹 피어난 곰팡이 감추고 열렬하게 웃고 있는 지독한 가면,

 병들었군요 매일매일 살고 싶어서 매일매일 죽는 사람이군요 그리운 이들은 한결같이 먼 곳에 있습니까

 그러나 후미진 골목에 주저앉아 울지언정 손을 뻗지 않는군요 붙잡고 일어서야 하는 벽, 눈물 지우고 나면 그 캄캄한 벽에 술을 들이붓는군요
 〉

주정처럼 비명처럼 토막난 언어들이 흘러내리는군요 바람이 되지 못한 말들이 허공에 부서지군요 깡깡 외롭군요

　나쁜 책 같군요 당신은, 읽으면 읽을수록 해독불능이군요 단단히 갇힌 검은 우물, 울음소리만 텅텅 울리는군요

　인생은 의지 밖의 일투성이라지만 이 또한 오독이라 나무라겠지만 사랑하는 이들이 하나둘 곁을 떠나가는 이유, 끝내 모른척하는군요

무위사

같이 오자 했었네
산사 숲에 들어 하염없이 앉아 있었네
백동전만 한 은빛 햇살이
나무와 나무 이파리와 이파리를 건너, 건너가는 동안
불개미들이 새 울음소릴 업고 기어다니는 동안
창백해진 약속이 흰나비에게 깃들어
휘적휘적 흘러가는 동안
나른한 어스름이 발등에 내려앉았네
설핏 기울어진 것이 숲인지
해가 숲을 등지고 돌아앉은 건지
모르겠네 다만
할 일을 다했구나
그런 얼굴로 저녁이 왔네

공원, 봄밤

한 남자가 노래 부르고 있어
깡마른 여자의 휠체어 밀면서 '신라의 달밤'을 밀고 있어
가만가만 나직한 노랫소리가 바퀴를 타고
여자의 무릎을 타고 굴러갔어
먼 신라의 달과 달빛도 지상으로 소환되어
둥글게 굴러갔지
둥글어서 슬픈 그림자가 어둠을 풀고
붉은 시간들을 지피고
남자의 손등에 얹히는 흰 손,
여자의 이마에 얼비치는 불빛 아득했어
노랠 지팡이 삼아 어서 일어서시라
간절한 노래가 두둥실
허공을 휘감았지
비가 그치고 미세먼지도 가신
잠깐의 봄밤이었어
황홀한 벚꽃 그림자였어

공원

미루나무 숲이었을 것이다
미루나무 꽃가루가 팔랑팔랑 흩날리는 천변이었을 것이다
미루나무 꽃가루가 흰 눈처럼 내려와 제비꽃 발치에서
민들레 비탈에서 맴돌다 먼 곳으로
먼 곳으로 부유하는 봄날이었을 것이다

거기에 한 걸음 들어서자
한 걸음 한 걸음에 어깨에 가슴에 등에
CCTV 카메라처럼 은근히
집요하게 따라붙는 눈들이 있다
스텝이 꼬인 나는 기우뚱
하늘엔 흰 구름 둥둥

아치형 흔들의자에 노구를 묻어놓고
한나절 혹은 반나절 꾸벅꾸벅 졸던 눈동자들이
꽃가루처럼 날아서 날아서

망각의 시간을 찢는 것이다

생의 계절은 겨울에 다다랐으나
온몸의 피 뜨거운
불타는 청춘들이
흔들흔들

제비가 날아갔다

 이주인가 철거인가 평사리 한옥체험관 서까래에 둥지 튼 제비집이 누마루 바닥에 흩어져 있다
 아니다 아닐 것이다
 푸른 산빛 구름과 하늘 가득한 누마루에 배설을 해대는 낯이 민망하여 눈치도 알고 싸가지도 있는 이주였으리라
 제비들과 짹짹거리며 밥 먹고 놀던 시절이 날아갔다

 키 작은 성자 할매가 저 높은 곳 제비집을 빗자루로 훑어 내렸을까
 제비가 집을 짓자 한숨 올리며 똥이나 쌀 것들이니 하던 성자 할매는 본능적으로 남녀차별의 선수
 가령 제비가 암놈이라면?
 아니다,
 키 작은 성자 할매가 저 높은 곳 공중제비의 아랫도리를 어찌 알아볼 것인가

 의문에 의문을 남기고

쪽지 한 장 없이 제비가 날아갔다
자꾸 저물어가는 서쪽하늘에 눈이 갔다
집을 찾아 떠도는 누군가가 어깨 구부정히 걸어가는
여름, 아직은
창백한 여름이었다

여름, 쌍계사 가는 길

한 갈래로 가다가 둘로 갈라지고
다시 하나로 만나는 길
푸르른 다만 푸르른 고요가
화개천 맑은 물소리 끌어당겨
내 안의 내가 유순한 눈빛으로 걸어오고
당신이 머리칼 쓸어 넘기며 다가오는 길
십리 초록터널의 싱싱한 연애
이런 길이라면
한 시절 갇혀 있어도 좋으리라
당신이 푸른 전사로 살아왔으니
이 어스름 꽉 물고 격렬하게
우거졌으니

제3부

정북토성

 물방울의 영혼을 이끌고 왔습니다 알몸의 그림자가 해자를 건너 빗장을 엽니다
 키 작은 소나무 한 그루, 성벽 파수병처럼 골똘히 서 있는 흙의 나라입니다 넓은 평지를 에워싼 구릉 너머 서쪽 구름이 황홀합니다

 은밀하게, 저 멀리, 밤이슬이 촉촉하겠습니다 간절한 얼굴로 달빛이 떠오르는군요 맑게 번지는군요 별들도 총총 눈을 뜨는군요

 꿈결처럼 봄의 기적이 일어나는 대지 위에 앉습니다
 바람도 성글성글 맨몸입니다 조용하고 흐릿한 밤의 그림자들, 물방울은 물방울이라서 그림자는 그림자라서 향기롭습니다

 작은 물방울들이 모여 성 안 북쪽 우물이 차고 깊어졌습니다 어디쯤 왔습니까

옥주

느그들 자꾸 지랄할래?

사할린이다 설원이다
섬 속의 섬으로 적막하고 위태로울 때
독하게 못되게 들이밀었다는 말
어머니 아버지들은 못했다는 말

어떤 싸움은 시간을 흘러 와 저릿저릿하다
러시아풍 건물에 간혹 블루
사방 흰빛 속에서 돌올히 빛나는 파란 외벽 같은 사람
재봉기술 배워 옷 짓고 고치며 살았다는
1953년생 한인 2세 조옥주
함안 조가 고향은 하동

그러케 살다가 살다가 노 플라블럼
 조선사람 이름 안 잊어뿌리고 내가 조선사람이라고 지키고 살아온 거

자랑하고 싶어요 지금은 안 지요 한국 사람과 쌈하면 못 이기도
러시아 사람과 쌈하면 때려박고 이기요

무릎까지 쌓인 눈밭에서 어린 자작나무들이 검은 척추를 세우고
그쳤던 눈이 다시 내리고
나는 생각한다, 지금 내게 느그들은 누구인가

나도 책 쓰고 싶소 역사 남겨주고 싶소

어떤 기원은 혀끝에서 살아나 붉은 물고기처럼 헤엄친다
꼭 다시 만나요, 자꾸 내 마음 간질이는 여인
작은 행복에 취할 줄도 아는 귀여운 여인

우리는 코르사코프로 가고 있다
그래, 북쪽이다

코르사코프의 검은 개

칼바람이 불었다
금세 뱃고동 울리며 어딘가로
데려다 줄 것 같은 항구엔
몇 척의 배,
우리는 술을 마신다
굶어 죽고 얼어 죽고 혹은 미쳐 죽기도 했다는 곳
마시지 않고 배기랴
담도 울타리도 없는 제국의 이빨
조개 줍고 물고기 잡고 꺼벅꺼벅 토마토 심고 감자 심고
우리의 명자 아끼꼬 쏘냐들
속절없이
눈 감으신 후에도 고향 쪽으로 고개 돌리는데
검은 개 한 마리 걸어온다
경계하듯 반기듯 슬금슬금 다가오다가 멈춘
눈빛이 사납지 않다
이 추위에 왜 나왔어? 손 내밀자
꼬리 흔든다

할 말이 있는 듯
사람이 사람을 바라보듯
지그시 눈을 맞추는 개
찬바닥에 허릴 세우고 앉는 검은 개
너도 가고 싶은 곳이 있는 거니?
나란히 쭈그려 앉아 보드카를 털어넣는다
목이 뜨겁다
개의 목덜미에선 찔레꽃 냄새
봄이 아득했다

더 그린 라인

우리에게 국경이 있니

달려서
사생결단 총탄에 쓰러지면서
넘어야 하는
아니 장난으로도 넘어서면 안 되는
국경은,

버스 타고 기차 타고
때로는 장대 하나 걸쳐 놓은 경계에서
출입국사무소 작은 구멍으로 여권을 밀어 넣기도
우두커니 이쪽과 저쪽 더듬어 눈발처럼
흩날려도 보는
그런 접경

휘어진 시간들이 철책으로 박힌 선
자유는 웅웅대며 다가오고

사라지고
태어난 조국 살아갈 조국
버린 조국에서는 배신자로, 취한 조국에서는 귀순자로

원래 조국이 둘이었을까

어제는 네가 항아리처럼 깨진 곳에서
오늘은 두 조국이 아무 일 없다는 듯
마주앉는다

* The Green Line : 1947년 이스라엘과 요르단을 가른 휴전국 경지대. 분단국가임을 알려주는 상징적인 표시.

인디언식 이름은

나의 인디언식 이름은
지혜로운 늑대 혹은
지혜로운 늑대와 같은 사나이

생각지도 못한 늑대가 아주 가까이서
이제 막 태어난 듯 검은 눈빛으로
나를 읽고 있다

여우가 아니라서 얼마나 다행인가

늑대의 의리와
늑대의 절제와
늑대의 고독이 필요한 시간
푸른 안개에 젖은 숲 언저리 느리게 걸어 다녔다

지상에 걸친 구름의 혈관 속으로
'지혜로운'을 방류하면서

다시 헤아려보면서

우리는 언뜻 서로의 얼굴을 보았던 것이다

고비

모래가 운다
네 발로 기어 올라가
모래바람이 토해내는 햇살처럼 부서지다가
한발 한발 내디디며 내려오면
낮고 깊은 소리로 모래가 운다
가슴 저 밑바닥 오래 쟁여뒀던 울음 같다
여기에 쌓인 겹의 시간
알 수 없어서 노을처럼 붉어진다
사람이 사람을 그리워하지 않을 수 없는 여기
내일이 없는 여기
살아남는 것이 최고의 가치인 여기
고비를 넘는 것은 고비에게 안기는 일이다
고비의 주름 안으로 들어가
그 깊고 낮은 울음소리 온몸에 쟁이는 것이다
차마 알 수 없는 것들이 쌓이고 쌓여
부드러운 기적을 이루니
미끄러지고 허물어지는 오늘이

오늘을 씻기고 어루만지는 것이다
가볍게 간절하게

고비 3
— 목동

밤하늘에도 넓은 초원이 있을 거야

추워 떨면서 양가죽을 쓰고 있을 거야

고비 5
— 에미

낙타는 새끼를 낳을 때면 홀로 먼 들판으로 나간다지요 무리 속에서 밟혀죽지 않도록 아무도 없는 들판에다 새끼를 낳고 그 새끼가 스스로 걸을 수 있을 때까지 밤낮으로 지킨다지요 몇날 지나고 주인이 찾아와 새끼를 오토바이에 싣고 집으로 향하면 어미낙타는 새끼를 따라 달린다지요 시속 칠십 킬로미터 전속력으로 달린다지요 그렇게 **빠**를 수가 없다지요

고비 6
— 전봇대

허허벌판
서로 잇대어 의지한 나무 기둥들
어디서 시작하고 어디서 끝나는지
도무지 짐작할 수 없는
바람에 저항하면서 나아가는 위대한 사색자들

너와 나, 당신과 당신에게로 이어주는

가도 가도 끝이 없는 벌판을 달리다
세상의 절반이 하늘이고 절반이 땅이다 하는 순간
저 멀리 아스라이 전봇대가 보이면 솜*이 멀지 않다고 했다
그러니까 솜의 이정표인
전봇대가 신기루처럼 나타나면

멀지 않다, 당신

* 솜 : 몽골의 행정구역단위. 마을이 있고 물과 먹을거리 사고 자동차에 기름도 넣을 수 있는 초원의 오아시스.

고비 7
— 수컷을 다루는 법

검은 개에게
곰같이 덩치 큰 짐승에게
백허그를 받아 봤습니까
난데없이 엉겨붙어 뒷발로는 허벅지 감싸고
앞발로는 온몸 더듬는
불끈거리는 발정을 겪어 봤습니까
누구는 심장이 졸아붙어 미동도 못 했는데요
누구는 엄마야 기겁하며 소리소리 질렀는데요
그 싱싱하고도 험한 발동이
게르의 아침을 후끈 달궜는데요
내가 좋아? 아, 그래 좋다구?
그녀는 담담 태연 녀석의 뒷덜미 어루만져 주지 뭡니까
그래 알았어 이제 가, 살살 달래지 뭡니까
한때 소동이 가라앉고서야
우리는 뒤늦게 알아차렸습니다
날라리 수컷을 다루는 법을

고비 8
― 푸른 늑대

내 애인은 늑대라면 좋겠어
암컷과 새끼의 입에 먼저 먹이를 물려주는
일생 사랑하는 암컷 한 마리를 위해
목숨 걸고 싸우는, 그러나 내가 탐하는 건
흔들림 없는 그 눈 속에 담긴 시푸른 달빛

그의 흰 암사슴이 되면 어여쁜 새끼도 낳을라나
망망한 하늘 망망한 들판
맑고 부드럽게 퍼지는
어머니의 노래 부르고 싶어

가죽으로 남아
무심한 듯 고비 들판을 지키고 있어도
언제든 이빨이 살아나 달려갈 것만 같아
야생의 쉼표를 찍은 순간에도
표표하게 흐르는 저 근육을 봐
온몸이 간지러워

〉
내 애인이 늑대면 참 좋겠어
세상 무서울 것 없이 짱짱한 고요에 들어
드넓은 대지를 품을 수 있을 것 같아

고비 9

나의 신은 푸른 하늘인데

그대의 신은 누구입니까

징키스칸이 물었다

나의 신은 미래의 나다

김수영은 말했다

어차피 이번 생은 순례야, 지금 여기

마른 바람이 일어난다 길을 재촉한다

제4부

가을밤

 예고 없이 너를 만났다 맥주거품 속에서 너는 자주 웃었고 단절의 시간이 아득한 바람을 일으키며 몰려왔다 비명도 없이 사라진 너를 이해할 수 없는 날들이 있었으나 썩은 이 뽑듯 너를 지웠으나 폐허처럼 구르던 날들을 읽는 동안 금세 수굿해져서 가을바람이 지치도록 불었으면 좋겠다고 생각했다 오늘만큼은 막차가 오지 않아도 서럽지 않을 것 같았다 이제 좀 여유가 생겼다는 너는 고철 줍느라 때 절은 손톱 밑을 훈장처럼 내보였는데 왜 하필 그때 옆자리에서 낡은 주정이 건너왔을까 넝마주이… 말의 언저리에서 넌 느닷없이 주먹을 날렸고 다정한 술판은 개판이 되어버렸다 한순간이었다 가을바람이 낙엽을 쓸며 골목 끝으로 달려가 오래 돌아오지 않았다 저를 지우고 또 얼마나 힘겨울 것인가 막차도 끊긴 늦은 밤

명경

비가 내렸다
어디로 갈지 몰라 우두커니 멈춰버린
불온한 아침이었다

문밖에 천국이 당도했다
천국의 제사장은 한여름인데도 긴 치마를 입고 있었다
발목까지 내려오는 검은 치마였다

제사장은 내게 천국으로 가는 부적을 받아보라고 말했다
천국과 나의 거리는 십 센치
그 짧은 거리를 두고
문고리는 차갑게 침묵했다
나의 문은
천국의 계단을 밟기 전에 먼저 내 마음이 찢길 것을
알고 있는 듯했다
〉

빗줄기가 거세지고 있었다
비가 내리는데도 내게 임하신 천국은
믿음이 부족한 날 쉬이
포기하지 않았다

차갑고 축축한 하루가 조용히 저물었다

씨알

또 한 마리가 추락한다
텃밭가 은행나무는 제 안에 깃든 어린 새를 속절없이 놓치고 놓치고

어미새는 무심한 초록을 흔들며 울어댄다
부리가 부러지도록 나뭇가지 두드려댄다 고양이가 나무를 타고 올랐을까 빈궁의 영양실조일까

깃을 파닥이며 마지막 숨을 몰아쉬는 어린것의 울음이 파동을 일으키며 번져가는데

사내 등지고 이제 정말 웃으며 살고 싶다던 여자의 입에서 욕이 스멀거린다 씨알 씨알,

발을 구른다 팔을 휘젓는다
사내들에게 제 껍데기 벗겨주던 여자 차마 놓지 못한 새끼들을 품고 애간장이 녹은 여자

〉

　징허게 고갤 쳐드는 씨알놈의 정, 그래도 밀고 나가야 하는 생에 불을 당기는

　씨알!

못

네 발을 주무르다가 흠칫 놀란다
발바닥 굳은살 사람의 것이 아니다
전쟁 같은 일터에서
이 악물고 뛰어다닌 삼십 년
뇌출혈로 쓰러진 친정엄마 병수발 십 년
사이사이
실밥 터진 형제지간 꿰매느라
단단히 박힌 못
세상의 무수한 바닥을 들어올리며
스스로 뜨거워진 저항의 흔적
아프다는 말 한마디 없이
친구야
네가 지워진 자리
그 살을 딛고 살았구나

시인의 세금을 면제하라

 편집장과 시인 사이에 삼천 원이 오락가락한다 시 한 편에 삼만 원 두 편이면 육만 원인데 왜 오만칠천 원이냐 가난한 시인은 원고료 삼천 원의 행방이 순전히 궁금했던 것이고 미안한 편집장은 원천징수 세금을 메워주고 싶었던 것인데, 그 실랑이가 가엾기도 하고 어여쁘기도 했는데, 생각하니 시인에게 세금 물리는 게 가당키나 하냔 말이야 시인만큼 맹목적이고 갸륵한 신앙인이 어디 있겠냐 말이야 제 살 파먹고 피를 말리는 첩첩 수행자들, 낮밤 지독한 슬픔과 연민으로 통성기도 쏟아내고 구원 방언 터지며 점점 뜨거워지는 지구별 온몸으로 밀고 가는 종족들, 종교계가 면세라면 시인 원고료도 면세다! 면제하라! 1인 시위라도 벌이고 싶어졌던 것이다

강력반 형사에게 시집을 주다

 형사는 도둑놈보다 항상 느려유 근데 워떠케 잡냐! 놈이 넘어질 때가 있슈 그런 때가 꼭 와유 그 찰나를 낚아채는 거쥬 아, 나도 매일 창작해유 도둑놈들의 사연이 좀 구구하고 절절해야 말이쥬 괴발개발 엉성하기 짝이 없슈 육하원칙 들이밀고 모나고 찌그러진 것들 어르고 달래고 아주 골치 아파유 조서 쓰다 진이 다 빠지구 머린 허옇게 세쥬 즐거운 고통이라구유? 헛참 어찌 이리 똑같을까 그놈들이 날 먹여 살리니 나도 즐거워유 잡아도 잡아도 도둑놈들이 자꾸 생겨나니 일 없어 짤릴 염려도 없지유 어라 형사의 품위가 점점 요상해지네유 시인 말발에 걸려 옴팡 넘어질 뻔했슈 헌데 말이유 그렇게 마주앉아 힘을 쓰다 보면 미꾸라지처럼 빠져나가려는 놈들 뒤통수를 탁 치고 싶을 때가 부지기수지만 몇 놈은 참 애잔혀유 발 한번 삐끗하면 주저앉는 게 사람인디 손 잡아줄 만한 내력들이 어찌나 허름한지 눈물이 핑 돌 때도 있슈 나라도 잡아줘야 하나 나도 몰래 손가락이 꼼지락 꼼지락 헌다니께유 이건 참말이여유

고양이
— 안현미

    시간을 달리지 새벽 다섯 시 빨래를 하고 배달반찬으로 밥상을 차리고 오늘도 야근해라고 말하는 당신 연희동에 짐 풀자마자 다시 먼 곳으로 이동당한 당신 매순간 얼얼하게 살아낸 삶의 신전이 눈 감은 이마처럼 환할 때 어둠 속에 웅크린 발자국을 찍어 다른 차원의 시간을 달이지 망망한 시간 직립의 서사를 환등하지 줄어드는 맥주거품처럼 촛농처럼 온몸으로 연희하지 바닥을 알 수 없는 눈빛 길들지 않는 야성의 발톱 세워 느른한 창가에 장미의 시간을 장착하지 그러다가 아무도 모르게 담장을 타오르기도 하지 훌쩍,

도둑의 전모

 제주 노루손이북길에 사는 나기철 시인은 초임교사 시절 옆자리에 앉은 여교사가 참하게 눈에 들어왔다 친구와 소개팅을 주선하고 둘 사이 오가는 편지와 데이트 심부름 자처했는데 슬슬 부아가 치밀어올랐다 여교사 향한 마음의 갈피를 그제야 알아챘다 이런 낭패가 없었다 노심초사 그녀에게 온갖 쏘가지 부려댔다 끝내 친구와 의절하고 각시로 품었는데 할 줄 아는 거라곤 시 쓰는 일과 아이들 가르치는 일밖에 모르는 가난한 청년을 품은 건 정작 그녀였다 맏이로 자라 주변 보살피는 일에 탁월한 근기로 연애시절부터 밥상 차리고 단벌 바지 다림질해주녀 그의 마른 몸피를 불린 그녀는, 결혼 삼십 년이 넘은 지금껏 육덕과 심덕을 고루 갖춘 아내이자 바지런한 엄마였던 그녀는, 그를 일궈온 바람벽이었다 그래서 천상 시인일 수 있었더라는

 처복을 타고난
 그도 여리여리한 '젤라의 꽃'에 눈길이 머무는 때가 있

다고 고백하자
다들 외쳤다
"도둑놈!"

따루 주막

 당신은 내 손을 당신 손에 포개어 놓고 찬찬히 어루만 졌어요 낮부터 이어진 술자리의 종착역, 더 이상 떠날 곳을 놓쳐 버린 여행자처럼 망연해진 눈빛으로 몹시 사랑하여 잊지 못하는 지금은 남녘 어딘가에 외로이 묻혀 있다는 옛사랑을 끝도 없이 풀어냈어요 도무지 먹먹하여 찾아갈 수 없는 아주 쓸쓸한 사랑에 목덜미를 휘어잡힌 당신은 나직나직 노래를 불렀어요 옛사랑이 몹시도 좋아했다는 노래가 가느다란 줄금을 타고 흘려내려 두 손바닥 사이에서 미세한 현을 그어댔어요 희한했어요 언젠가 오래산 여자와 헤어지고 나서 이것도 나중 안 일이지만 이렇듯 내 손을 잡고 묵연히 앉아 있던 남자가 또 있었어요 나는 종종 지나간 사랑을 복기하는 남자들의 여자, 어둔 밤 텅 빈 역사 대합실 의자처럼 쭈그려 앉아 당신을 받아주고 있었어요 같이 또 따로 이 몹쓸 인연들을

꽃사기

 안면도 튤립축제가 끝나고 일금 만원으로 튤립 구근 무진장 가져왔지 깨춤을 추면서 교정에 높은댕이집 자락에 앞마당에 두루 옮겨 심었어 무시로 불알 만지듯 봄아 봄아 노랠 불렀는데 발기찬 봄을 노렸는데 싹이 나고 잎이 돋고 꽃송이를 맺는데 턱없이 작은 거야 박람회의 늘씬 우람한 꽃송이가 아닌 거라 속은 거야 속은 게 그뿐이면 다행이지 하양 자주 보라 노랑은 어디 가고 다 **빨강**이라니 꽃아 꽃아 탄식하는 만희 오빠, 허나 춥고 외로운 계절 설레고 두근거렸으니 사기도 그런 사기는 얼마나 어여쁘냐고, 황토방 호롱불에 기대어 은은히 깔깔거린다

사월

등이 아프네요
견갑골을 타고 흐르는
손닿을 수 없는 곳의 슬픔이네요
뼈를 뚫고 살을 뚫고 날개가 돋듯
시리고 뻐근한 무늬들이
서서 누워 서성거리네요
길을 가다가도 앞서가는 이의
날갯죽지를 더듬어보곤 해요
서로 흠칫 마주 보며
낱낱의 꽃잎처럼 터져서
휘돌아 우우 하늘로 날아오르네요
통증의 씨앗이 더 깊게 내려와
나무가 되어 자라더니
아 내 등이 꽃을 피우네요
당신은 괜찮습니까
사월의 낮과 밤,
볼 수도 만질 수도 없는

꽃들을 등으로 받으며
또 하얗게 봄을 놓치네요

바람이 바람의 귀를 찢으며

너를 품에 안은 기쁨과
너를 보낸 날의 참극이
엎드려 밝아온다

열일곱 살 너는
말만 하게 자랐어도 나의 아가
차디찬 꽃으로 피었어도 나의 아가
천 번을 자고 나도
나의 아가

못다한 사랑을 꺼내 들고
눈물의 태허를 건넌다
삼킬 수도 뱉을 수도 없는 입덧의 날들이
엎드려 걸어간다
신은 죽었다, 아가야
엄마의 신전을 세워야겠구나
상냥한 눈빛 그대로

여드름 가시지 않은 이마 그대로 청바지 사달라고 조르던 웅석 그대로
몸이 아픈 내게 죽을 쑤어주던 마음 그대로

조각난 하늘 조각난 바람을 버리고 오렴
엄마의 하늘 엄마의 바람을 부여잡고
기어코 오렴
널 그리는 손가락 끝에서
만삭이 되어 부풀어 오르는 사랑

무슨 수로 널 다시 낳을까

그리하여
돌이 돌을 부르며 운다
하늘의 눈을 찌르며
바람이 바람의 귀를 찢으며

봄인데 말이야
— 복희

아파서
많이 아픈 몸으로 너는 누워 있고
간단없는 통증에 글썽이는 눈 파르르 떨고 있고

나는 걷고 있지

성내천변은 거대한 반란지대
희고 노란 봄년들이 발칙하게 손을 흔들고
재개발아파트 허물어진 얼굴로 그런 봄년들을 멀거니 내려다보는데

저 무장한 발랄함도 긴 겨울을 건너온 통증이니까
아프다는 건 열망이 남아 있다는 거니까

나는 찬란하게 걷고 있지

이 도도한 무늬들 온몸에 빨아들이는 거지

오랜 시간 천천히 낡아간 집이 더디게 새 둥지를 틀듯
거머리가 꿈틀꿈틀 나쁜 피 핥듯

지금 밖은 온통 새살, 새살 돋아나는 봄인데 말야
병든 살을 도려낸 네 발에 고스란히 이식할 거야
너 살아오면

해설

'당신'이라는 이름의 먼 길

고봉준(문학평론가)

시집 원고를 다 읽고 내려놓자 불현듯 한 문장이 떠올랐다. "어차피 이번 생은 순례야"(「고비 9」) 처음엔 그저 시인이 자신의 이름을 이용해 만든 언어유희(pun)나 아포리즘(Aphorism) 정도라고 생각했다. 하지만 시집을 반복해서 읽으면서 곳곳에 그은 밑줄과 여백에 적어 놓은 메모들 또한 '길'의 이미지를 가리키고 있었다. 다만 이 '길'은 흙이나 시멘트처럼 물질적인 요소로 설명할 수 있는 것이 아닌, 이를테면 하루하루 살아가는 일이 고단함

에도 불구하고 끝내 포기하지 않는 생명의 원리나, 간절하게 염원하거나 도달하고자 하는 대상/ 목표를 향하는 마음의 길처럼 비(非)가시적인 방향성 같은 것이라고 이해해야 할 듯하다. 함순례의 시에는 수많은 '길'이 등장하는데, 그것들은 이미—항상 '당신'을 향하고 있다. '당신'을 향해 뻗은 수많은 에움길이 곧 그녀의 '언어'라고 말할 수 있으니, '길'은 하나의 소재가 아니라 그 자체로 '시'이다. 그러므로 시에 '길'이 등장한다는 표현은 적절하지 않다. 그녀에게는 '시=길', 즉 '시'와 '길'이 다른 것이 아니니 문제는 '당신'의 정체를 이해하는 일이다. 함순례의 시편들이 빈번히 연시(戀詩)의 형식을 띠는 까닭이 여기 있다.

시인의 언어는 '당신'과의 만남과 이별, 그 사이에서 부유(浮游)하는 마음의 방향에 촉수를 드리우고 있다. 당신, 그리고 연시(戀詩)라는 말 때문에 특정한 인물을 떠올릴 이유는 없을 듯하다. 함순례의 시에서 '당신'은 텅 빈 기호, 즉 특정한 대상을 지시하지 않으며, 그렇기 때문에 수많은 대상과 관계 맺을 수 있는 다의적인 기호로 사용되고 있다. 그럼에도 불구하고 각각의 맥락에서 '당신'은 구체적인 대상으로 호명된다.

웃는 별이 있다
우는 별이 있다

오래 걸어온 자들은 안다
광장에 주저앉아 신발을 벗고 부르튼 발 주무르며
언제까지 걸어야 하나 혼잣말은 앞으로도
첫 마음으로 걸어야 한다는 것
거대한 파도에 밀려 헤진 옷
훌훌 벗어놓고 등을 말고 잠든
순간에도 심장은 뛰고 있어서
그것이 슬퍼 웃고
그것이 아파 울지 못하는
별들이 참 뜨겁고도 서늘하게 반짝인다
도시의 우듬지가 별들의 박동을 들으며 출렁이는 시간
도시의 파도는 거세고 무거우니
어두운 손 뻗어 입을 틀어막는 짐승들아
개 같은 날들을 치워라

우리는 슬프고 아픈 기미 찾아
온 마음으로 꿈을 꾼다
우리가 할 수 있는 일은 그것뿐
아무것도 하지 않으면

아무 일도 일어나지 않아
내일이면 또 별들이 나와
생의 스크럼을 짤 것이다

—「자정의 작용」 전문

 이 시는 '시에 관한 시', 즉 시론(詩論) 성격을 띤 메타시(metapoetry)로 읽힌다. 여기에는 '시'에 대한 시인의 생각과 지향, 그리고 무엇보다도 '당신'의 정체가 암시되어 있다. 이 시의 도입부에는 상이한 성격의 두 별, 즉 '웃는 별'과 '우는 별'이 배치되어 있다. 이것은 시와 삶의 방향이 인간 또는 생명의 희로애락(喜怒哀樂)을 향한다는 것을 보여주는 선언적인 진술일 것이다. 시인에게 시는 생명의 희로애락, 또는 희로애락을 태생적인 운명으로 가진 생명에 대한 언어이다. 그렇다면 유한하고 연약한 존재의 희로애락에 대해 '시'는 무엇을 할 수 있을까? 다른 곳에서 시인은 그 '무엇'을 "내가 한 일은 이름을 붙여주고 이름을 불러주는 일"(「쿠바 리브레」)이라고 진술하고 있다. 지구 한 바퀴를 돌고 바다를 건너는 험난한 여정을 거쳐 자신의 수중에 들어온 목각 인형을 앞에 두고 시인은 자신이 할 수 있는 일은 "이름을 붙여주고 이름을 불러주는 일"밖에 없다는 것이다. 이것은 "시는 이름 없는 것들에 이름을 부여함으로써 우리가 그것을 사유할 수 있도록 한다."라는 미국 시인 오드리 로드(Audre Lorde)의 고백을 닮았다. 그리고 바로 여기에 시에 대한, 그리고 시인이라는 존재에 대한 자기규정이 함축되어 있다. '이름을 부여하는 일'이라는 오드리 로드의 지적과 '이름을 붙이고 불러주는 일'이라는 시인의 주장 사이에는 우연 이상의 공통점이 존재한다. 그것은 사람들이 볼 수 없고 생각할 수 없었던 것을 보고 생각하게 만든다는 것, 그리하여 존재한다는 사실 자체를 향해 관심을 기울이게 만드는 것이 시가 존재하는 이유라는 믿음이다. 시는 보이지 않는 것들을 보이게 만들고, 들리지 않는 소리를 들리게 만듦으로써 우리로 하여금 그것의 존재에 대해 사유하도록 강제한다.

다시 묻자. 그렇다면 보이지 않고, 보이지 않음으로써 사람들의 '생각' 밖에 존재하는 것은 누구/ 무엇일까? "우리는 슬프고 아픈 기미 찾아/ 온 마음으로 꿈을 꾼다"라는 진술이 바로 이 물음에 대한 시인의 대답일 것이다. 시인은 "슬프고 아픈 기미"를 찾는 것, 그리고 그 고통스럽고 불행한 상태가 사라지기를 '온 마음'으로 염원하는 것이 시의 윤리라고 주장하고 있다. 물론 시가 그 고통과 불행을 직접 해결해줄 수는 없다. 또한 시의 역할이 거기에 있지 않음을 시인도 알고 있다. 시가, 시인이 "할 수 있는 일은 그것뿐"임을 왜 모르겠는가? 시가 할 수 있는 것은 "이름을 붙여주고 이름을 불러주는 일"이고, 그런 맥락에서 "꿈을 꾼다"라는 표현에는 기대와 한계가 모두 포함되어 있을 것이다. 그러나 "우리가 할 수 있는 일은 그것뿐/ 아무것도 하지 않으면/ 아무 일도 일어나지 않아"라는 절박한 목소리처럼 시인에게는 이름을 불러주고 꿈을 꾸는 일이 전부이다. 그렇다면 '당신'의 정체는 어떻게 이해할 수 있을까? 만일 시를 쓰는 것이 "슬프고 아픈 기미"를 찾을 일, 나아가 "이름을 붙여주고 이름을 불러주는 일"이라면, '당신'은 "슬프고 아픈 기미"를 겪고 있는 모든 존재들, 그리고 시인이 "이름을 붙여주고 이름을 불러주는 일"을 행하도록 촉발하는 모든 대상일 수밖에 없다. 그런 점에서 '당신'은 비인칭적이고, 그런 한에서 이미-항상 세상의 모든 것들일 수 있다. 그것은 한용운이 "기른 것은 다 님이다"라고 말할 때의 '기른 것'과 흡사하다.

계단참에 하염없이
앉아 있는 저 사내
햇살 따가운 한낮 겹겹 옷을 껴입고 왜 맨발일까

커다랗고 거칠고 퉁퉁 부어오른 코끼리 발등
시끄러운 소음과 매연 그리고
표정이라곤 찾아볼 수 없는 저 사내
빵집 앞에서 주유소 앞에서 늘
어느 모퉁이 길바닥에서
거구를 이끌고 느릿느릿
걸어가거나 우멍하게 앉아 있는
그를 만날 때마다
나는 코끼리 한 마리가 도심에 출몰했다고 생각했다
아프리카 원시림을 떠났거나 동물원 울타리 부수고 탈출했거나
슬며시 이 도시에 나타난
그가 뭘 먹는 걸 보지 못했다
말하는 걸 듣지 못했다
눕거나 조는 것도
보지 못했다

도시는 그의 몸집보다 거대했고
그는 이 도시의 완벽한 그림자였다
누구에게도 그가 보이지 않았다
아무도 그를 포획하러 오지 않았다
점점 불어나는 그의 몸이 언젠가는

이 도시를 꽉 채우는 집이 될 것이다

―「걸인의 식사」 전문

 "계단참에 하염없이/ 앉아 있는 저 사내", 즉 '걸인'은 수많은 '당신' 가운데 한 사람이다. 그가 '당신'인 까닭은 시인이 그의 남루한 모습에서 "슬프고 아픈 기미"를 발견했기 때문일 것이다. 무엇보다 그는 "이 도시의 완벽한 그림자"이다. '그림자'란 무엇인가? 그것은 "누구에게도 그가 보이지 않았다"라는 표현처럼 눈앞에 존재하지만 '존재'로 간주되지 않는 비(非)가시적 대상이다. 상식적인 믿음과 달리 인간의 시각 행위는 신체적·물리적 활동만으로 설명되지 않는다. 귀를 열고도 듣지 못하는 소리도 있고, 눈을 뜨고 있으면서도 보지 못하는 것들도 있다. 이처럼 세상에는 사람들의 관심 밖에 존재하기 때문에 보이지 않는 사람들이 얼마든지 존재한다. 시인은 그런 소외된 존재들에게서 "슬프고 아픈 기미"를 발견하고, 이름 없는 그 존재들을 '당신'으로 호명하고 있는 것이다. 이렇게 보면 "졸업하고도 대학가 떠나지 못하는 알바 인생"(「점원, 우아하게」)도 '당신'이고, "장대비 피해 우르르/방충망을 뚫고 들어오는 하루살이들"(「무늬들」)도 '당신'이라고 말할 수 있다. 또한 "나도 책 쓰고 싶소 역사 남겨주고 싶소"(「옥주」)라고 외치는 사할린 동포도 '당신'이고, "우리의 명자 아끼꼬 쏘냐들/ 속절없이/ 눈 감으신 후에도 고향 쪽으로 고개 돌리는데"(「코르사코프의 검은 개」)에 등장하는 인물들도 모두 '당신'이다. 마찬가지 이유에서 "창가에 비스듬히 접혀 있는 사내"(「비행운」)도, 환승할 열차를 놓치고 "여기가 어딘지 모르겠는데/ 인생은 환승이야"(「환승」)라고 중얼거리는 여자도, "걷고 일하고 걷다가 쥐가 난 종아리로/ 끼니를 때"(「역마」)우는 인물도, "몇 놈은 참 애잔혀유 발 한번 삐끗하면 주저앉는 게 사람인디 손 잡아줄 만한 내력들이 어찌나 허름한지 눈물이 핑 돌 때도 있슈"(「강력반 형사에게 시집을 주다」)라는 형사의 고백에 등장하는 도둑도 모두 '당신'이라고 말할 수 있다. 이렇게 보면 "오늘 아침엔/ 당신이 말할 수 없는 것을 말하고/ 당신이 기억나지 않는 것을 기억하려 한다"(「블랙홀」)에 등장하는 기억을 잃어가는 '당신'은 이중적인 의미에서 '당신'이라고 말할 수도 있을 듯하다. 이처럼 시인의 감각은 작은 것, 연약한 것, 상처받은 것 등을 향하고 있고, 함순례에게 시는 이런 윤리적 태도의 산물인 듯하다. 이 윤리적 태도가 「블랙홀」에서는 "오늘 아침엔/ 당신이 말할 수 없는 것을 말하고/ 당신이 기억나지 않는 것을 기억하려 한다/ 어쩌다 당신마저도 기억하지 못하는 시간이/ 다가온다면!"처럼 기억을 잃어버린 당신을 대신하여 '기억'하는 행위로 구체화되고,「코르사코프의 검은 개」에서는 "우리의 명자 아끼꼬 쏘냐들"처럼 '이름'을 불러주는 행위로 구체화된다. 함순례에게 시는 슬프고 아픈 기미를 찾는 것, "이름을 붙여주고 이름을 불러주는 일", 기억을 잃어버린 상대를 대신하여 '진실'을 기억하는 일이라고 말할 수 있다.

  당신은 내 손을 당신 손에 포개어 놓고 찬찬히 어루만졌어요 낮부터 이어진 술자리의 종착역, 더 이상 떠날 곳을 놓쳐 버린 여행자처럼 망연해진 눈빛으로 몹시 사랑하여 잊지 못하는 지금은 남녘 어딘가에 외로이 묻혀 있다는 옛사랑을 끝도 없이 풀어냈어요 도무지 먹먹하여 찾아갈 수 없는 아주 쓸쓸한 사랑에 목덜미를 휘어잡힌 당신은 나직나직 노래를 불렀어요 옛시랑이 몹시도 좋아했다는 노래가 가느다란 줄금을 타고 흘러내려 두 손바닥 사이에서 미세한 현을 그어댔어요 희한했어요 언젠가 오래 산 여자와 헤어지고 나서 이것도 나중 안 일이지만 이렇듯 내 손을 잡고 묵연히 앉아 있던 남자가 또 있었어요 나는 종종 지나간 사랑을 복기하는 남자들의 여자, 어둔 밤 텅 빈 역사 대합실 의자처럼 쭈그려 앉아 당신을 받아주고 있었어요 같이 또

따로 이 몹쓸 인연들을

— 「따루 주막」 전문

화자는 지금 '주막'에 있다. "낮부터 이어진 술자리의 종착역"이니 꽤 늦은 시간인 듯하고, "이렇듯 내 손을 잡고 묵연히 앉아 있던 남자가 또 있었어요"라고 진술하고 있으니 '당신'의 성별은 남성으로 추측된다. '당신'은 화자인 '나'를 앉혀 놓고 "망연해진 눈빛으로 몹시 사랑하여 잊지 못하는 지금은 남녘 어딘가에 외로이 묻혀 있다는 옛사랑을 끝도 없이 풀어"내고 있다. 치명적인 '옛사랑'의 경험이 있으므로 이 남성이 '당신'으로 호명되는 것은 당연해 보인다. 사실 현실에서 이런 상황에 맞닥뜨리게 되면 상당히 힘들고 괴롭기 마련이다. '당신'과의 친분이 어느 정도인지 알 수 없지만, 타인의 구구절절한 사연을 오랫동안 들어주는 데는 상당한 인내심이 필요하다. 게다가 상대방이 '옛사랑'이 좋아했던 노래까지 부르는 상황이라면 사태는 더 심각하다. 하지만 화자는 '당신'의 그런 행동에는 무관심하다. 심지어 상대가 자신의 '손'을 부여잡고 있는데도 말이다. 화자에게 '당신'은 '행동'이 아니라 '존재'로 경험되고 있다. 즉 그의 관심은 '나'와 '당신'의 관계, 그러니까 동일한 시공간에 머

물고 있다는 사실 자체에 집중되어 있고, 마음 깊은 곳에 상처를 지니고 있는 한 인간이 자신을 향해 도움의 손길을 내밀고 있다는 사실 자체에 초점이 맞춰져 있을 뿐 그가 어떤 행동을 하고 있느냐는 중요하지 않은 듯하다. 화자가 자신을 '대합실 의자'에 비유하는 장면도 이런 맥락에서 이해할 필요가 있다. 화자가 "나는 종종 지나간 사랑을 복기하는 남자들의 여자"라고 말할 때, 그것은 '당신'에게 자신의 심리적 에너지를 기꺼이 내어주겠다는 의지를 표현하는 것이다. 마찬가지로 화자가 "어둔 밤 텅 빈 역사 대합실 의자처럼 쭈그려 앉아 당신을 받아주고 있었어요"라고 말할 때, 그것은 '당신'에 대한 '나'의 태도를 고스란히 드러내는 것이다. 시인은 세상 모든 '당신'에게 자신을 기꺼이 내어준다. 아니, 받아준다. 자신의 마음-씀과 물리적 시간을, 자신의 손을, 그리하여 자신의 존재 모두를 내어줌으로써 기꺼이 그들이 위로받고 휴식할 수 있는 '의자'가 되려는 것, 그것이 함순례의 시가 보여주는 '시인'의 운명인 듯하다. 다만 "시 쓰는 일과 아이들 가르치는 일밖에 모르는 가난한 청년을 품은 건 정작 그녀였다"(「도둑의 전모」)나 "망망한 하늘 망망한 들판/ 맑고 부드럽게 퍼지는/ 어머니의 노래 부르고 싶어"(「고비 8」)라는 진술에서 드러나듯이, 함순례의 시에서 이러한 '의자'

역할은 대개 여성적인 것과 연결된다. '의자'의 본질은 휴식이 필요한 존재들에게 위로의 시간을 제공하는 것이다. 전통적인 서정시에서 '자연'이 감당해온 이러한 기능을 함순례의 시에서는 시가, 그리고 시인과 여성이 수행하고 있다.

또 한 마리가 추락한다
텃밭가 은행나무는 제 안에 깃든 어린 새를 속절없이 놓치고 놓치고

어미새는 무심한 초록을 흔들며 울어댄다
부리가 부러지도록 나뭇가지 두드려댄다 고양이가 나무를 타고 올랐을까 빈궁의 영양실조일까

깃을 파닥이며 마지막 숨을 몰아쉬는 어린것의 울음이 파동을 일으키며 번져가는데

사내 등지고 이제 정말 웃으며 살고 싶다던 여자의 입에서 욕이 스멀거린다 씨알 씨알,

발을 구른다 팔을 휘젓는다

사내들에게 제 껍데기 벗겨주던 여자 차마 놓지 못한 새끼들을 품고 애간장이 녹은 여자

징허게 고갤 쳐드는 씨알놈의 정, 그래도 밀고 나가야 하는 생에 불을 당기는

씨알!

—「씨알」전문

두 개의 상식적인 구분, 즉 익숙한 분할선이 해체되면서 시적 장면이 펼쳐진다. 먼저 '어미 새—어린 새'의 짝과 '여자—새끼들'의 유비(analogy) 관계가 있다. 옥타비오 파스의 말처럼 아날로지는 우주와 인간에 대한 낭만주의적 비전이고, 세계를 거대한 하나의 리듬으로 이해하는 아날로지적 세계관 속에서 삶과 시, 사연과 인간은 '상응'을 통해 융합된다. 이런 점에서 아날로지에 대한 믿음은 세계를 에로티시즘으로 물들이는 연금술적 사랑이라고 말할 수 있다. 시인은 텃밭가에 자리한 은행나무에서 어린 새 한 마리가 떨어져 마지막 숨을 몰아쉬고 있는 장면을 본다. 또한 그는 새끼가 죽어가는 모습을 지켜보면서도 "무심한 초록을 흔들며 울어"대는 것밖에는 아무 것

도 할 수 없는 어미 새의 절망적인 모습도 보고 있다. 그런데 이 자연적 풍경이 시의 후반부에서는 인간적인 혈연관계, 그러니까 사내와 헤어져 자신의 개인적 행복을 추구하려는 한 여자가 "차마 놓지 못한 새끼들을 품고 애간장"을 녹이는 장면으로 전치된다. 이러한 '어미-새끼'의 혈연적 관계 안에서 인간과 자연의 경계는 사라진다.

다음으로 '씨알'이라는 언어에 주목하자. "여자의 입에서 욕이 스멀거린다 씨알 씨알"이라는 진술처럼 여기에서 '씨알'은 '욕'을 가리키는 기호이다. 그런 한에서 그것은 '씨발'이라는 욕설의 완곡형으로 읽어도 좋을 듯하다. 그런데 '씨알'의 사전적 의미는 "곡식 따위의 종자로서의 낱알"이다. 즉 그것은 욕설이 아니라 곡식의 종자를 일컫는 말이고, 조금 추상화하면 '생명'의 중심이라고 말할 수 있다. 그리하여 그것이 '새끼들'이나 "징허게 고갤 쳐드는 씨알놈의 정"과 연결될 때, 그것은 '욕설'과 '생명' 가운데 어느 하나로 환원되지 않으면서 시적 긴장을 유발한다. 이렇게 보면 '씨알'은 상대에 대한 부정적인 판단을 지시하는 욕설이면서 동시에 화자가 생에 불을 당긴다고 표현하고 있듯이 존재, 즉 생명의 에너지이기도 하다. 유비 관계를 통해 자연과 인간, 욕설과 생명, 부정과 긍정의 경계를 횡단하는 이러한 시적 사유 안에서 '인간-여성'은 새끼를 껴안는 '어미'의 형상으로 가시화된다. '시인'은 "슬프고 아픈 기미"를 찾는 존재에서 시작하여 "이름을 붙여주고 이름을 불러주는" 존재, 상처받은 존재를 받아주는, 안아주는 "대합실 의자" 같은 존재를 거쳐 이제 '생명'을 품는 존재로 의미화된다. '물'에 비유하자면 시인은 결코 "찬양할 수 없는 누군가의 뒷면"을 향해 "아래로 흐르는 물"(「나는 하수다」), 즉 하수(下水/下手)라고 말할 수 있다.

당신의 표지를 넘기니 고스란히 폐허군요 열매도 저문 저 갈빛 적막을 뭐라 부릅니까

목마른 바람이 뒤엉켜 쓸려가는 허허의 마당, 아슬아슬하군요 혼자 밥을 먹고 혼자 책을 읽고 울리지 않는 전화 기다리며 불면의 밤 지새는군요

겹겹 피어난 곰팡이 감추고 열렬하게 웃고 있는 지독한 가면,

병들었군요 매일매일 살고 싶어서 매일매일 죽는 사람이군요 그리운 이들은 한결같이 먼 곳에 있습니까

그러나 후미진 골목에 주저앉아 울지언정 손을 뻗지 않는군요 붙잡고 일어서야 하는 벽, 눈물 지우고 나면 그 캄캄한 벽에 술을 들이붓는군요

주정처럼 비명처럼 토막난 언어들이 흘러내리는군요 바람이 되지 못한 말들이 허공에 부서지는군요 깡깡 외롭군요

나쁜 책 같군요 당신은, 읽으면 읽을수록 해독불능이군요 단단히 갇힌 검은 우물, 울음소리만 텅텅 울리는군요

인생은 의지 밖의 일투성이라지만 이 또한 오독이라 나무라겠지만 사랑하는 이들이 하나둘 곁을 떠나가는 이유, 끝내 모른척하는군요

―「멀미」전문

함순례 시에서 화자의 시선은 "자꾸 저물어가는 서쪽하늘에 눈이 갔다"(「제비가 날아갔다」)라는 진술에서 암시되듯이 상처와 몰락의 흔적을 뒤쫓는다. 그 시선이 닿은 자리에 허물어진 '제비집'(「제비가 날아갔다」), 나무에서

추락한 '어린 새'(「씨알」), 쏟아지는 비를 피해 "방충망을 뚫고 들어오는 하루살이"(「무늬들」)처럼 자연적 대상이 있기도 하고, '열일곱 살' 아이를 잃어버리고 절망에 빠진 엄마(「바람이 바람의 귀를 찢으며」), 사랑과 증오의 감정을 넘어 '살'을 부르는 몸(「저녁강」), "사람이 사람을 그리워하지 않을 수 없는 여기"(「고비」)에 위치한 인간, 그리고 "네게로 가는 길은 가깝고 또 멀었어"(「그래 가자」)라고 고백하고 토로하는 인간이 있기도 하다. '폐허'(「멀미」)를 응시하는 시선과 '먼 곳'에 있는 누군가를 그리워하는 마음의 움직임, 함순례의 시는 이것들이 모여서 만든 풍경의 세계이다.

'표지', '책', '토막난 언어', '해독불능', '오독' 등의 시어들이 암시하듯이 「멀미」에 등장하는 '당신'은 화자가 대면하고 있는 어떤 책으로 읽을 수 있다. 다만 "표지를 넘기니 고스란히 폐허"라는 설명을 고려하면 이 책 역시 폐허, 즉 낡거나 찢어진 책으로 이해하는 것이 타당해 보인다. 시인은 불면의 밤을 보내며 책을 읽고 있다. 책에선 "주정처럼 비명처럼 토막난 언어들"이 흘러내리고, 그것은 아무리 읽어도 '해독불능'이다. 시인은 이 해독불능의 언어에서 제 울음소리만 텅텅 울리는 "단단히 갇힌 검은 우물"을 떠올린다. 폐허로 변한 책, 그리고 그것을 빼

곡하게 채우고 있는 해독불능의 언어들은 "후미진 골목에 주저앉아 울지언정 손을 뻗지 않는" 사람처럼 자신의 내면을 드러내지 않는다. 내면을 드러내지 않으므로 유일하게 가능한 것은 '오독'뿐이다. 병든 언어, 살고 싶어서 매일 죽는 사람의 언어는 상식적인 문법으로는 이해할 수 없는 타자의 언어이다. 이 타자의 언어 앞에서 시인은 불면의 시간을 보내고, 그럼에도 불구하고 끝내 그것을 이해하는 데 실패한다. "열매도 저문 저 갈빛 적막을 뭐라 부릅니까"라는 물음처럼 시인의 언어는 종종 어떤 한계에 부딪힌다. 세상에는 '소통'이나 '이해'라는 말로 표현할 수 없는 언어가 존재한다. 시인은 그것을 애써 자신의 언어로 번역하려 하지 않는다. 또한 그런 해독불능의 언어는 무의미하다고 강변하지도 않는다. 원망과 안타까움의 마음이 없지 않지만, 그는 자신의 언어로 닿을 수 없는 타자의 언어를 '오독'이라는 이름으로 긍정한다. 이 '해독불능'과 '오독'이 존재하는 한 '나'와 '당신'의 거리는 결코 좁혀지지 않으리라. 이 한계를 알면서도 시인은 '당신'에게 가는 발걸음을 멈추지 않는다. "어차피 이번 생은 순례"(「고비 9」)이기 때문이기에.

애지시선

번호	제목	저자
002	붉디 붉은 호랑이	장석주 시집
003	붉은 사하라	김수우 시집
004	자전거 도둑	신현정 시집
005	정비공장 장미꽃	엄재국 시집
006	기차를 놓치다	손세실리아 시집
007	바람의 목례	김수열 시집
008	그리운 연어	박이화 시집
009	뜨거운 발	함순례 시집
010	정오의 순례	이기철 시집
011	그 남자의 손	정낙추 시집
012	즐거운 세탁	박영희 시집
013	구룡포로 간다	권선희 시집
014	좋은 날에 우는 사람	조재도 시집
015	여수의 잠	김열 시집
016	축제	김해자 시집
017	뜻밖에	박제영 시집
018	꽃들이 딸꾹	신정민 시집
019	안개부족	박미라 시집
020	아배 생각	안상학 시집
021	검은 꽃밭	윤은경 시집
022	숲에 들다	박두규 시집
023	물가죽 북	문신 시집
024	마을 촛불	복효근 시집
025	어처구니 사랑	조동례 시집
026	소주 한 잔	차승호 시집
027	기찬 날	표성배 시집
028	물집	정군칠 시집
029	간절한 문장	서영식 시집
030	고장 난 아침	박남희 시집
031	하루만 더	고증식 시집
032	몸꽃	이종암 시집
033	허공에 지은 집	권정우 시집
034	수작	김나영 시집
035	나는 열 개의 눈동자를 가졌다	손병걸 시집
036	별을 의심하다	오인태 시집
037	생강 발가락	권덕하 시집
038	피의 고현학	이민호 시집
039	사람의 무늬	박일만 시집
040	기울어짐에 대하여	문숙 시집